LETTRE A S. M. NAPOLÉON III

EMPEREUR DES FRANÇAIS

SUR LA

CRÉATION D'UNE BIBLIOTHÈQUE

DANS CHAQUE COMMUNE DE L'EMPIRE

PROJET SOUMIS

A SA MAJESTÉ EUGÉNIE

IMPÉRATRICE DES FRANÇAIS.

LYON

IMPRIMERIE D'AIMÉ VINGTRINIER

QUAI SAINT-ANTOINE, 35

1861

LETTRE A SA MAJESTÉ NAPOLÉON III

SUR

LA CRÉATION D'UNE BIBLIOTHÈQUE

DANS CHAQUE COMMUNE DE L'EMPIRE.

LETTRE A S. M. NAPOLÉON III

EMPEREUR DES FRANÇAIS

SUR LA

CRÉATION D'UNE BIBLIOTHÈQUE

DANS CHAQUE COMMUNE DE L'EMPIRE

PROJET SOUMIS

A SA MAJESTÉ EUGÉNIE

IMPÉRATRICE DES FRANÇAIS.

LYON

IMPRIMERIE D'AIMÉ VINGTRINIER

QUAI SAINT-ANTOINE, 35

1861

A SA MAJESTÉ NAPOLÉON III.

SIRE,

Vous, l'homme de bien, par excellence, le protecteur-né de toutes les institutions utiles, daignez me permettre de venir soumettre à votre haute sagesse un Projet de Bibliothèques communales qui a été dédié à Sa Majesté l'Impératrice, Votre Auguste Epouse, dans une Pétition datée du 1er mai 1856, et dont voici la reproduction :

« MADAME,

« Au moment où la Providence vient de permettre l'accomplissement de deux grands événements à jamais mémorables: la naissance d'un Prince, l'espoir de la France, qui, guidé par les vertus de Son Auguste Mère, suivra les traces de Son Noble Père; et la conclusion du traité de paix ; à ce moment solennel, Madame, vous qui méritez toutes les bénédictions et les louanges pour les nombreux bienfaits que vous ne cessez de répandre tous les jours sur votre peuple, daignez me permettre de venir solliciter humblement le bienveillant Patronage de Votre Majesté pour une Institution qui me paraît digne d'être placée à côté de celles dont Votre Illustre époux a doté notre patrie, et qui se recommande à votre bienfaisance par son caractère d'utilité générale.

« Il s'agit de la création d'une Bibliothèque dans chaque commune de l'Empire français, pour l'instruction morale, intellectuelle et religieuse des habitants de la campagne. La faculté d'avoir des livres à leur disposition leur donnerait le goût de la lecture, qui serait pour eux la source d'un plaisir d'autant plus attrayant, qu'il leur est maintenant inconnu; la lecture, devenue l'occupation de leurs loisirs, serait aussi le délassement de leurs fatigues journalières; et, en bannissant l'oisiveté de leur repos, elle contribuerait puissamment à éteindre les habitudes du jeu et de l'ivrognerie, qui sont généralement la cause où l'occasion de tous les vices et de tous les crimes.

« Quelques journaux se sont livrés dernièrement à une controverse sur cette question que je mûrissais depuis longtemps avant qu'elle eût été soulevée dans leurs colonnes. Le *Constitutionnel* et le *Pays* lui sont favorables, et le *Siècle* la repousse, arguant de ce motif que les *Bibliothèques communales* nuisent à l'exploitation de la librairie particulière et au colportage. Cette crainte n'est nullement fondée, l'on ne vendrait pas moins de livres qu'auparavant; l'entreprise que je propose ne porterait aucun préjudice aux libraires; car la vente des livres doit s'augmenter par l'accroissement du nombre des lecteurs : les gens de la campagne, ayant des livres sous la main, s'instruiraient et apprendraient à connaître des ouvrages dont ils ne soupçonnent pas même l'existence, et ceux qui disposent de quelques économies pourraient acheter ensuite, pour eux ou pour leurs enfants, chez les éditeurs, ceux des ouvrages dont ils auraient reconnu l'utilité ou l'agrément. La librairie ne ferait donc qu'y gagner. L'indemnité qui serait payée aux divers éditeurs pour la réimpression des ouvrages qu'on leur emprunterait pour les *Bibliothèques communales*, — car on ne pourrait composer ces Bibliothèques avec les seuls livres qui sont dans le domaine public, — serait déjà pour eux un premier bénéfice réel.

« Cette Institution serait donc éminemment utile; elle est vraiment désirable et désirée pour les résultats qu'elle produira nécessairement; elle est attendue et elle serait acceptée de tous vos sujets, Madame, comme un nouveau bienfait de la Bien-Aimée Souveraine qui préside aux destinées de l'Empire.

« Les Œuvres de Sa Majesté l'Empereur figureraient aux premiers rayons de cette Bibliothèque populaire; les autres ouvrages seraient des traités de religion, d'histoire, de langue française, d'agriculture, d'arboriculture, de sériciculture, de drainage, des voyages, etc., et en général des principales connaissances utiles. Ils devraient être choisis, autant que possible, parmi ceux qui ne donneraient pas lieu aux droits d'auteur, afin de pouvoir les livrer aux meilleures conditions possibles de bon marché. La nomenclature en serait fixée par Votre Majesté ou par une commission qu'elle voudrait bien nommer à cet effet.

« Ces livres seraient déposés à la commune et confiés à la garde des instituteurs communaux ou des secrétaires des mairies, qui seraient chargés de leur conservation, de leur remise et distribution aux particuliers, et qui auraient soin de les faire rentrer en prenant les mesures nécessaires pour qu'ils ne puissent ni se détériorer ni s'égarer : le tout sous la haute surveilance de M. le Maire et de M. le Curé.

« N'ayant pas à payer des droits d'auteur toujours très-considérables, les frais se réduiraient à un prix assez minime, et chaque volume in-18 de 430 à 440 pages, broché, pourrait être livré à 60 centimes; de sorte qu'une bibliothèque de cent volumes coûterait à chaque commune 60 francs, lesquels seraient payés par l'Etat ou par la commune, en plusieurs années, afin de ne pas grever celle-ci.

« Si Votre Majesté daigne agréer le patronage que j'ai l'honneur de lui offrir et en prendre l'initiative, et si elle le désire, j'entreprendrai cette édition aux conditions ci-dessus rappelées, sous les auspices de personnes honorables de la ville de Lyon, de la recommandation desquelles j'ai l'autorisation de me prévaloir pour appuyer ma demande; mais j'aurais, à cet effet, besoin d'obtenir la certitude que chaque commune sera autorisée et invitée à faire cette acquisition aux prix sus-indiqués, par l'intermédiaire de M. le Préfet de chaque département, au chef-lieu duquel la livraison en serait adressée *franco*; la distribution en serait faite à chaque commune par les soins de MM. les préfets et sous-préfets.

« Si Votre Majesté veut bien approuver mon projet, je pourrai me rendre à Paris pour donner tous renseignements exigés et m'entendre avec les honorables personnes qui me seraient désignées.

« Dans l'espoir que Votre Majesté accueillera favorablement ma très-humble supplique, et daignera s'intéresser à ma demande comme elle s'intéresse à tout ce qui est pour le bien du peuple,

« J'ai l'honneur d'être,

« Madame,

« De Votre Majesté Impériale,

« Le plus respectueux et le plus dévoué serviteur et sujet,

« Alexis GOUVERNE,

« Typographe, chemin du Sacré-Cœur, 22.

« Lyon, le 1er mai 1856. »

Le 12 juin 1857, Son Excellence Monsieur le Ministre d'Etat a daigné m'informer que cette Pétition avait été transmise à Monsieur le Président de la Commission des Pétitions, instituée au Conseil d'Etat.

Et le 9 juillet, même année, Monsieur le Président de la Commission des Pétitions a bien voulu renvoyer ladite Pétition à Son Excellence Monsieur le Ministre de l'Instruction publique et des cultes.

Sire, ce Projet a été soumis à diverses personnes compétentes, administrateurs, ecclésiastiques, savants, et toutes ont été unanimes à déclarer que, mis à exécution, il serait appelé à rendre de grands services à une population intéressante, en récréant ses loisirs, en lui ornant l'esprit, en lui inspirant un acte d'adoration pour Dieu, d'amour pour la patrie, de reconnaissance envers le souverain qui la gratifiera d'un tel bienfait; car, il ne faut pas se le dissimuler, depuis vingt ans, l'instruction progresse à la campagne, et il est fâcheux d'entendre demander des livres à plusieurs millions de vos sujets, Sire, qui n'ont pour toute lecture que leur calendrier et le *Moniteur des Communes*.

Même dans nos départements réputés les plus arriérés en fait d'instruction, les habitants savent lire, écrire et comprennent la langue nationale. Ainsi, dans les Hautes-Alpes, lorsque la neige rend prisonniers chez eux, pendant de longues semaines, les gens de ce département, quel est leur délassement en attendant que la nature détruise la barrière infranchissable qui les sépare de tout être humain ? ils s'instruisent; et, du fils aîné, magister improvisé, toute la famille reçoit les premières notions d'instruction.

Dans les montagnes de l'Ardèche, hélas ! les malheureux paysans hivernent avec le *Code*, dont ils méditent toutes les ressources , de manière à étonner, le printemps venu, avocats, avoués et notaires !

Quelles jouissances éprouveraient ces braves gens s'ils avaient à leur disposition bon nombre de livres, à l'époque de l'année où leur habitation est souvent entourée et couverte par les neiges !

Un homme honorable de notre ville, le doyen des imprimeurs et des libraires de la province , fait chevalier de la Légion-d'Honneur par Votre Majesté, M. Louis Perrin, à qui j'avais fait part de mon projet, m'écrivait, le 24 novembre 1854 :

« Votre pensée est excellente; aussi vous êtes-vous rencontré avec « des gens éclairés et animés d'intentions vraiment patriotiques qui, « dans ces derniers temps, ont soulevé la question.

« Nul doute que ce plan ne fût favorable à la *moralisation* et au » progrès intellectuel de nos campagnes.

« Les craintes que l'on pourrait concevoir d'une concurrence « fâcheuse pour le commerce de la librairie me semblent non seulement « mal fondées , mais je les trouve complètement dans le faux, et je

« soutiendrais que l'institution, telle que vous la proposez, donnerait
« en peu d'années, à cette industrie, un développement *immense !*
« Qui peut calculer ce que deviendrait la vente des livres quand tout le
« monde en France en comprendrait le charme et l'utilité pratique ? »

Sire, l'habitant des campagnes aime beaucoup les livres, mais il ne
veut ou ne peut pas en acheter; si on lui en offre, il s'empresse de les
prendre. Ainsi, dernièrement, dans plusieurs villages, on a distribué
un grand nombre d'exemplaires d'un petit ouvrage présentant la question de Rome sous un faux jour. Quelques-uns de nos paysans ont lu
cet ouvrage. Pourquoi? Parce qu'on le leur a remis gratuitement.
Chaque fois qu'une faction ou qu'une secte voudra distiller le mensonge
dans le but de nuire au gouvernement actuel, elle le pourra. Dans le
parti, on fera un appel de fonds, un écrivain trempera sa plume dans le
fiel; on imprimera clandestinement ou à l'étranger, et les lecteurs de
la campagne ne feront pas défaut à ce pamphlet, parce qu'ils acceptent
tous les livres, bons ou mauvais, utiles ou dangereux; surtout quand,
pour les posséder, il n'y a aucune somme à débourser !

Par la création d'une Bibliothèque communale, le colportage s'épu-
rera. Il vendra son même chiffre de volumes (s'il n'en vend pas davan-
tage); mais les paysans aisés ayant, en tête de chaque volume de la
Bibliothèque commune, une liste de bons ouvrages autorisés par les
honorables Membres de la Commission du Colportage, choisiront de
préférence ces derniers, et ne seront plus trompés par les colporteurs
qui, presque tous, ont des livres dangereux dans le double-fond de
leur balle.

L'indemnité que l'on offrirait aux éditeurs pour la réimpression de
leurs ouvrages et l'engagement que l'on prendrait, vis-à-vis de ces
mêmes éditeurs, de ne réimprimer qu'un seul exemplaire de leurs éditions pour chaque commune rurale de France, seraient une garantie
bien sûre pour la propriété de ces Messieurs, et pour le colportage,
auquel cette création ne ferait aucun tort, parce que ces ouvrages
seraient donnés à des lecteurs qui n'en feraient jamais l'acquisition !

Sire, on a consulté, sur l'utilité de ce projet, divers libraires de province, auxquels on a posé cette question :

« Vous n'ignorez pas, Messieurs, que les habitants de nos villages sont dépourvus de livres; pensez-vous qu'en créant une bibliothèque dans chaque commune rurale de l'Empire, cette création porterait préjudice à la librairie en général? Ces livres seraient destinés à des personnes qui ne peuvent pas en acheter, et ne seraient lus que par elles; parce que, dans le plus petit hameau, il existe une ligne de démarcation sensible entre les habitants riches et ceux qui ne le sont pas : jamais les premiers ne voudraient se trouver en compagnie des seconds, le dimanche, à la Maison commune, pour demander des livres gratuitement; ils préféreraient en acheter pour eux ou pour leurs enfants. »

Ces Messieurs ont répondu :

« En donnant des livres à des gens qui n'en achèteraient jamais, la librairie sédentaire progresserait d'une manière étonnante. Dans nos villages, chaque personne fortunée achèterait des ouvrages; les librairies des départements s'en ressentiraient immédiatement : cette création leur donnerait un essor qui deviendrait, pour elles, une compensation pour la concurrence que leur font les éditeurs de Paris, vendant au détail, en province, soit dans les gares de chemins de fer, soit ailleurs, les exemplaires des mêmes éditions qu'ils vendent en gros, à Paris, aux libraires de province !

« Cette institution, telle qu'on la propose, ferait un peu diversion à la centralisation parisienne, et serait la cause qu'on imprimerait pour les paysans riches, des milliers de volumes qui seraient vendus par les libraires de province, s'approvisionnant chez les éditeurs de la capitale. »

Sire, voici une liste d'ouvrages qui pourraient former cette Bibliothèque, sauf meilleur avis de Votre Majesté :

Œuvres de Sa Majesté Napoléon III.

Histoire populaire de Napoléon, par E.-M. de Saint-Hilaire.

Victoires et conquêtes des Français, par M. Guérin.

Histoire de France, depuis l'invasion des

Francs, sous Clovis, jusqu'à nos jours, par M. E. de Bonnechose, 2 vol.

Histoire des Maréchaux de l'Empire.

— de la Guerre de Crimée.

— de la Guerre d'Italie.

— de Bayard, 1 vol.

— de Duguesclin, 1 vol.

— de Jean-Bart, 1 vol.

— de Duguay-Trouin, 1 vol.

— de Turenne, 1 vol.

Histoire d'Alger, depuis les temps les plus reculés, par M. Stéphen d'Estry, 1 vol.

Histoire des Animaux, par Buffon, 1 vol.

De l'Agriculture en France, d'après les documents officiels, par MM. Mounier et Rubichon, 2 vol.

La Ferme-Modèle, ou l'Agriculture mise à la portée de tout le monde, 1 vol.

Guide du Cultivateur-Améliorateur, par E. Lecouteux, 1 vol.

Manuel de Drainage, par Barral, 1 vol.

Manuel de l'Agriculteur commençant, par Schwerz, traduit par Villeroy. 1 vol.

Mémoire sur l'Agriculture, les Instruments aratoires et l'Economie rurale, par de Valcourt, 1 vol.

Agriculture populaire, par maître Jacques Bujault, laboureur, 1 vol.

Bienfaits du Catholicisme, par M. l'abbé Pinard, 1 vol.

Vie de Jésus-Christ, par de Genoude, 1 v.

La Morale en action, 1 vol.

Paul et Virginie, 1 vol.

Robinson Crusoé, 1 vol.

Télémaque, 1 vol.

Don Quichotte, traduit par Florian, 1 vol.

Fables de Lafontaine.

Les Vies des Hommes célèbres par Plutarque, 2 vol.

Les Artisans célèbres, par M. Valentin, 1 v.

Abrégé de tous les Voyages autour du Monde, par E. Garnier, 2 vol.

Voyages et Aventures de Lapérouse, par Valentin, 1 vol.

Voyages et Découvertes des Compagnons de Colomb, par Henri Lebrun, 1 vol.

Les Naufragés au Spitzberg, ou les salutaires effets de la confiance en Dieu, 1 vol.

Simples Lectures sur les Sciences, les Arts et l'Industrie, par M. Garrigues, 1 vol.

Le Curé de Campagne, par M. Stéphen de la Madelaine, 1 vol.

Le Colporteur au Village, par M. l'abbé Pinard, 1 vol.

Les Soirées de Village, 1 vol.

Le Jeune Tambour, ou les deux Amis, par Mme Woillez, 1 vol.

Le Jeune Marin, ou l'Education maternelle, par Mme Claire Guernante, 1 vol.

L'Orpheline de Moscou, ou la Jeune Institutrice, par Mme Woillez, 1 vol.

Ferréol, ou les Passions vaincues par la Religion, par Théophile Ménard, 1 vol.

Les Jeunes Ouvrières, par Mme Woillez, 1 v.

Marie ou l'Ange de la Terre, par Mlle Fanny de V., 1 vol.

La Famille Dorival, ou l'Influence du Bon Exemple, par T. Ménard, 1 vol.

Mathilde et Gabrielle, ou les Bienfaits d'une Education chrétienne, par Mme Guernante, 1 vol.

Anna, ou les Epreuves de la Piété filiale, par M. de Marlès, 1 vol.

OEuvres de Berquin.

Contes du chanoine Schmidt.

Guide en Affaires civiles et commerciales, par Pivers et Escoffier, légistes.

Une bonne Géographie.

La *Maison Rustique*, imprimée en caractères très-compactes, ne serait pas déplacée dans cette Bibliothèque.

Outre cette nomenclature de livres, il conviendrait d'imprimer, pour certains départements, quelques ouvrages spéciaux plus directement appropriés, non-seulement au genre de culture ou d'industrie, mais aussi aux mœurs et aux goûts dominant dans la contrée. Ainsi, par exemple, pour l'agriculture, les ouvrage suivants : *De l'Agriculture en Sologne*; — *Agriculture de l'Ouest de la France*; — *Agriculture du Centre*, etc., etc.

Sire, voici le meilleur moyen pour arriver à pourvoir d'une bibliothèque chaque commune de l'Empire : puisque votre gouvernement, malgré toute sa sollicitude pour les gens de la campagne, a eu deux grandes guerres à soutenir, et à faire face à divers besoins plus urgents que la création d'une bibliothèque, et que les communes, malgré leur prospérité toujours croissante depuis votre avènement au Trône, ne consentiraient probablement pas à s'imposer de suite d'une somme considérable pour acheter des livres, il conviendrait que ces mêmes communes ajoutassent quelques centimes additionnels à leurs impôts annuels, jusqu'à concurrence de la somme de cinq francs (ou moins, si Votre Majesté le désire); en échange de cette modique somme, les communes rurales recevraient, dans le courant de chaque année, quelques volumes; et, après un certain laps de temps, chaque village possèderait une bibliothèque joignant l'utile à l'agréable.

Si, en 1847, époque à laquelle le colportage était très-dangereux par la vente de ses livres répandant dans nos campagnes l'irréligion et les doctrines perverses du socialisme le plus grossier; si, à cette époque, le gouvernement de Juillet, auquel j'avais soumis un projet de bibliothèques communales, eût voulu inviter chaque commune à s'imposer de cinq francs par an, aujourd'hui tous nos villages seraient dotés d'une belle bibliothèque. Mais la Providence a voulu, Sire, laisser à Votre Majesté l'initiative des réformes utiles et des belles et nobles institutions !

Le produit du vote des conseils municipaux serait confié à une personne désignée; et, au fur et à mesure des besoins, c'est-à-dire, après la livraison de quelques volumes à chaque commune, cette personne remettrait une somme de .... à l'imprimeur desdits volumes , en ayant le soin de conserver un reliquat qui ne serait définitivement réglé que lorsque la Bibliothèque serait complètement imprimée et expédiée.

Ce surcroît d'impôts , de cinq francs par chaque commune et par an, passerait pour ainsi dire inaperçu, et serait accueilli avec joie par les conseils municipaux ruraux, qui s'empresseraient de voter, annuellement, cette somme qui serait consacrée à faire l'achat, pour leur commune, d'une bibliothèque de plus de cent volumes.

Cet impôt de cinq francs par commune rapporterait, chaque année, une somme de **180,000** francs ; laquelle , bien administrée par une Commission composée. d'hommes honorables comme votre Gouvernement s'entend si bien à les choisir , permettrait d'imprimer de bons et nombreux ouvrages.

Cette Bibliothèque , une fois commencée ou formée , servirait de noyau. Les gens aisés tiendraient sans doute à honneur d'y ajouter par donation ou par testament, et les auteurs ne manqueraient pas d'envoyer, aux Bibliothèques des communes de leur département, de leur arrondissement ou de leur canton, les ouvrages qu'ils viendraient à publier.

En procédant ainsi, on satisferait aux vœux des populations agricoles qui, à chaque session des Conseils généraux, font une demande de fonds afin d'acheter des livres : pour une somme bien minime elles deviendraient, en quelques années, possesseurs d'une bibliothèque qui ne laisserait rien à désirer sous le rapport du papier, de l'impression et de la reliure.

Un des volumes destinés à composer cette Bibliothèque serait soumis à des hommes compétents : fabricant de papier, maître-typographe et maître-relieur, qui s'assureraient de sa bonne exécution comme typographie et reliure; en débattraient et en fixeraient le prix, en ne laissant qu'un petit bénéfice à l'imprimeur de cette Bibliothèque. Ce volume, vérifié et approuvé par ces Messieurs, servirait de spécimen pour tous les autres.

Sire, veuillez me permettre, en terminant, de faire connaître à Votre Majesté un exemple de moralisation obtenu par des livres sur une partie de la population d'un département limitrophe :

Un riche fabricant de notre ville, possédant trois ou quatre cents métiers de soieries dans le département de l'Ain, vivement peiné de voir, chaque lundi, la majeure partie de ses ateliers déserts; et, attribuant, à juste raison, cette désertion aux libations que faisaient ses ouvriers, le dimanche, eut l'heureuse idée d'acheter des livres et de composer une bibliothèque de deux à trois cents volumes. Ces ouvrages, mis à la disposition des ouvriers qui en font la demande (le nombre en est grand), ont opéré une transformation complète : les ouvriers, au lieu fréquenter les cabarets, le dimanche, comme autrefois, font la lecture : le mari à sa femme et le petit-fils à son aïeul; les débitants se plaignent, mais les petits ménages dans lesquels la réforme s'est accomplie ont, dans le courant de chaque année, cent francs en plus (qu'un ouvrier dépensait au cabaret) pour satisfaire à leurs besoins, et le Mont-de-Piété de notre ville ne reçoit plus si souvent la visite de ces braves gens!

Sire, j'ose dire à Votre Majesté, que je ne suis pas tout-à-fait inconnu à votre Gouvernement, auquel, depuis 1852, j'ai adressé divers Mémoires et Brochure qui ont trouvé grâce devant les honorables Messieurs de Persigny, de Delmas, Son Excellence Monsieur le Ministre d'Etat, et les honorables membres de la Commission des Pétitions, ainsi que le prouvent des lettres émanant de ces hauts fonctionnaires.

Sire, sachant que sous votre Gouvernement juste et bon, chacun est le fils de ses œuvres; qu'il ne protége pas plus le capitaliste que l'honnête homme sans fortune, recommandé par des personnes on ne peut plus honorables, étant moi-même typographe depuis vingt ans, pouvant posséder mon matériel sans recevoir aucune somme à l'avance; depuis quinze ans, cherchant les moyens de procurer de bons livres à nos populations agricoles; et, connaissant toute votre bonne sollicitude pour vos sujets, je viens supplier Votre Majesté de daigner m'autoriser à créer, sous le Patronage de Notre Bien-Aimée Souveraine,

et dans les conditions ci-dessus énoncées, une Bibliothèque pour n
communes rurales, qui l'accepteront avec reconnaissance : le souver
de ce nouveau bienfait se gravera à jamais dans le cœur du pl
humble des habitants de la campagne, qui bénira, Sire, Vous et Vot
Glorieuse Dynastie.

J'ai l'honneur d'être,

Sire,

De Votre Majesté,

Le très-humble et très respectueux serviteur et fidèle suj

Alexis GOUVERNE,

Typographie, place Reichstadt, 69.

Lyon, le 2 décembre 1861.